AF597231

Mauro Cruz

MAR E SERTÃO

Cordel

Espaço Editora
Título original: Mar e Sertão

1ª edição 2012
Reimpressão 2012
2ª edição 2023

Capa, diagramação e editoração: Guilherme Juliani
Coordenação editorial: Andréia Talma
Revisão: Levi Cruz Reis
Impressão e Acabamento: Clube de Autores

Dados Internacionais de Catalogação na Publicação (CIP)
(Câmara Brasileira do Livro, SP, Brasil)

Cruz, Mauro
Mar e sertão : cordel / Mauro Cruz. -- 2. ed. -- Juiz de Fora, MG : Ed. do Autor, 2023.

ISBN 978-65-00-77571-6

1. Literatura de cordel 2. Poesia popular brasileira I. Título.

23-168814 CDD-398.2

Índices para catálogo sistemático:

1. Poesia de cordel : Folclore 398.2

Cibele Maria Dias - Bibliotecária - CRB-8/9427

MOTE

Até o mar tem vontade
de ser filho do sertão!

Mar e Sertão

O carro de boi zunindo,
Lá no fundo do grotão,
Com pontadas de canção,
A alma nos vai ferindo.
Ao ouvir o som mavioso,
A espalhar-se choroso,
Lá do roçar do cocão,
Com tanta sonoridade,
Até o mar tem vontade
De ser filho do sertão.

O zunido, de mansinho,
Do carro lá no serrado,
Sob o céu avermelhado
Da tarde, devagarinho
A tristeza vem trazendo,
E uma saudade nascendo,
Põe a alma em aflição.
Isso é também felicidade!
E até o mar tem vontade
De ser filho do sertão.

O mar, olhando na serra,
Na casa branca à janela,
Sonhando co`amor, a bela,
Agreste cabocla da terra,
Vê as carnes rijas, roliças,
Que inspiram muitas cobiças,
Vê também o coração,
Vibrando de mocidade.
Então, o mar tem vontade
De ser filho do sertão!

E, vendo na serra linda,
A caboclinha singela
A suspirar na janela,
Com um fogo que não finda,
Os dois olhos sonhadores,
A carne quente de amores,
Palpitante o coração,
Relembrando uma saudade,
O mar tem mesmo vontade
De ser filho do sertão.

Na tarde, caindo mansa,
O aboio sonoro vinga,
Chamando lá na caatinga,
O gado que longe alcança.
O cabra, pegando a viola,
A alma do povo isola,
Do sofrimento malsão.
É fugaz felicidade!
Mas, até o mar tem vontade
De ser filho do sertão.

O caboclo que descobre
O seu compadre querido,
Que há pouco caiu ferido
Na lida, trabalho nobre,
Cuida dele direitinho -
Respeito, amor e carinho -
Dando-lhe toda a atenção.
Ao ver a sincera amizade,
Até o mar tem vontade
De ser filho do sertão.

Pela grande imensidão,
A abelha voa perdida
E acha flor tão escondida,
Que causa admiração!
Esconde vida o sertão
Em rachaduras no chão,
Mas não esconde a ilusão,
Tampouco esconde a verdade
E até o mar tem vontade
De ser filho do sertão.

Quando lá se pode ver
A terra toda molhada,
De vida então renovada,
O sol nela vir bater,
Para nascer a semente,
Fazer o povo contente,
Virar depois plantação
Pra alimentar a cidade,
Até o mar tem vontade
De ser filho do sertão.

Morro acima, morro abaixo,
Até se perder de vista,
De milho, trigo ou mista,
As plantas vão dando cacho,
E o caboclo orgulhoso
Olha tudo, feliz, airoso!
E, se o vento na plantação
Faz onda na extremidade,
Até o mar tem vontade
De ser filho do sertão.

No seio do povo sofrido,
Cresce forte a poesia,
De José, João ou Maria,
Nascida em peito doído.
No sertão, se o poeta sente
O coração indigente,
Ou se bate uma saudade,
Nasce forte a inspiração,
Por isso, o mar tem vontade
De ser filho do sertão!

Clareando a amplidão,
A lua, a serra rompendo,
Nos vai o peito fazendo
Palpitar de emoção.
A noite chega e é fria,
Mas tão quente de poesia...
Lá no fundo uma canção
Desperta antiga saudade,
E até o mar tem vontade
De ser filho do sertão.

O mar é o grande caminho
Que une terra com terra,
Liga planície com serra,
Faz o mundo pequeninho,
Lambe o sertão de um lado,
Lambe o sertão doutro lado,
Mas não molha todo o chão,
Não conhece a intimidade...
Por isso, o mar tem vontade
De ser filho do sertão.

Sertão e mar são um só!
Nossa casa, nossa terra...
Cada um missão encerra,
A existência é o O.
Tudo vai, tudo retorna,
O círculo então se contorna:
O mar já foi o sertão!
O sertão já foi o mar!
Cada um em seu vagar
Segue a lei da Criação!

O mar tem mesmo vontade
De ser filho do sertão!
Mas tem também o sertão,
De ser mar muita vontade!
É inveja benfazeja,
Pois cada qual se deseja!
O mar, tornando-se terra,
A terra, virando mar,
Prosseguem o caminhar
Do ciclo que não se encerra!

O cantador quer cantar
A beleza, a poesia,
O sofrimento e a alegria
Do sertão, da vida, do mar,
A cabrocha, o barco a vela,
O gado, a viola, a janela,
O sargaço, Iemanjá,
A rede, o tubarão,
As coisas lá do sertão,
E as coisas que vêm do mar.

Motivo tem a sobrar...
Poeira ou maresia,
Tudo, tudo dá poesia,
Pra neste mundo cantar!
Com verso de pé quebrado,
Ou verso bom, encantado,
Com tristeza ou alegria,
O cantador vai tecendo,
De sua alma nascendo,
A alma da poesia!

Até o mar tem vontade
De ser filho do sertão!

Mauro Cruz, OMD, MSc, PhD

Autor de literatura infanto-juvenil, contos e poesias, livros e artigos técnico-científicos nas áreas de ortodontia, cirurgia maxilofacial, implantodontia e regeneração tecidual. Revisor e consultor científico de periódicos internacionais, membro de entidades de destaque na área científica: Academias Mineira e Brasileira de Odontologia, e na área de literatura: Sociedade Brasileira de Dentistas Escritores, Sociedade Mineira de Poetas e Academia Juiz-forana de Letras.

Juiz de Fora-MG
www.clinestpq.com.br
e-mail: maurocruz@me.com

Declamando este poema, o autor obteve o 2º lugar no Concurso de Declamação promovido pelo CEL - Centro de Estudos Literários -Juiz de Fora, novembro de 2011.

1ª edição e reimpressão
Mar e Sertão de 2012
ISBN 9788590175551

Detalhes da edição:
Este livro foi elaborado com
papel Couchê de 150g
Fonte Minion Pro
2ª edição 2023

www.ingramcontent.com/pod-product-compliance
Lightning Source LLC
LaVergne TN
LVHW052043160826
845678LV00016B/3606

* 9 7 8 6 5 0 0 7 7 5 7 1 6 *